DE L'INDEMNITÉ

A PAYER AUX COLONS,

ET DU PROJET DE DÉCRET PRÉSENTÉ SUR CETTE QUESTION
A L'ASSEMBLÉE NATIONALE LE 23 AOUT DERNIER
PAR M. LE MINISTRE DE LA MARINE ET DES COLONIES.

DE L'INDEMNITÉ

A PAYER AUX COLONS,

ET

DU PROJET DE DÉCRET PRÉSENTÉ SUR CETTE QUESTION

A L'ASSEMBLÉE NATIONALE LE 23 AOUT DERNIER

PAR M. LE MINISTRE DE LA MARINE ET DES COLONIES,

PAR M. A. PECOUL.

———

PARIS,

IMPRIMERIE DE GUIRAUDET ET JOUAUST,

RUE SAINT-HONORÉ, 315.

—

1848

DE L'INDEMNITÉ

A PAYER AUX COLONS,

ET DU PROJET DE LOI PRÉSENTÉ SUR CETTE QUESTION A L'ASSEMBLÉE NATIONALE LE 23 AOUT DERNIER PAR M. LE MINISTRE DE LA MARINE ET DES COLONIES.

Nous croyons et nous avons toujours cru que l'indemnité est due.

L'esclavage est le malheur des maîtres, et non pas leur faute; la faute est à la métropole, qui le commanda, qui l'excita. L'émancipation est une expropriation forcée pour cause d'utilité humanitaire, comme l'a dit un habitant. L'indemnité est donc un droit pour les créoles; tout ce que l'on peut avancer pour soutenir le contraire ne peut être que de l'injustice et du sophisme.

Sur ce point, non plus que sur l'abolition, il ne nous paraît pas qu'aucune transaction soit admissible.

(V. SCHŒLCHER, *Des colonies françaises*, p. 260. 1842. Pagnerre, éditeur.)

Qu'est-ce que cette propriété devant la loi? Il faut avoir le courage de l'avouer, c'est une propriété aussi inviolable que celle de votre champ.

(LAMARTINE. — Séance de la Chambre des députés, 25 juin 1836.)

La législation a seulement constitué aux colonies la possession légale du travail des noirs; et si cette possession elle-même est répréhensible, elle est au moins du fait de la mère-patrie, qui l'a créée et développée, et qui a induit en erreur les Français établis outre mer en leur présentant comme légitime cette nature de propriété. Si la métropole veut aujourd'hui les faire disparaître, elle ne le peut qu'à la condition de réparer le dommage. Le paiement intégral de l'indemnité par l'État fait donc partie essentielle de l'hypothèse qui se discute en ce moment.

(M. ROSSI. — Commission pour l'examen des questions relatives à l'esclavage et à la constitution politique des colonies, présidée par M. de Broglie. — Procès-verbaux. 3e partie. — Séance du 21 février 1842.)

Nous n'avons aucun besoin de rechercher si l'esclavage est légitime en soi, si l'homme peut être la propriété de l'homme, si la loi naturelle excuse ou condamne en cela la loi positive. Nous restons dans les faits. Les colons ne sauraient être responsables de l'erreur du législateur; la loi les couvre; ils ont droit acquis.

(Rapport de la commission instituée pour l'examen des questions relatives à l'esclavage. — Mars 1843.)

L'article 5 du décret du 27 avril dernier, qui a prononcé l'abolition de l'esclavage dans les colonies françaises, est ainsi conçu :

1

« L'Assemblée nationale réglera la quotité de l'in-
» demnité qui devra être accordée aux colons. »

On peut avec raison reprocher au Gouvernement provisoire de n'avoir pas fixé lui-même cette indemnité,
qui, aux termes de nos lois, devait être préalable. On
ne comprend pas le scrupule qui l'a arrêté, car s'il avait
le droit d'émanciper les esclaves, il avait aussi le
droit de fixer l'indemnité qu'il fallait payer aux colons pour les indemniser du dommage que cette mesure
allait leur causer.

Toutefois, rendons lui grâces d'avoir reconnu et hau-
tement consacré le principe, alors même qu'il en ajour-
nait l'application et la réservait à un autre pouvoir.

Nous savons que, dans la rédaction des projets de dé-
crets qui lui étaient soumis, on s'était étudié avec affec-
tation à éviter l'emploi du mot *indemnité*, afin que la
somme que l'État aurait à payer aux colons à l'occa-
sion de leur expropriation ne parût pas employée à acquitter une dette, mais prît le caractère d'un secours,
d'un acte de munificence, destiné à faciliter la réorganisation du travail sur de nouvelles bases dans les colonies.

C'est donc avec une intention marquée que le Gouvernement provisoire a rétabli le mot *indemnité* dans son
décret, et qu'il s'est servi dans cette circonstance de ces

termes impératifs (qui devra être accordée) (1). Il semble, après cela, que le droit des colons à cette indemnité ne pouvait plus devenir matière à controverse ; l'émancipation ordonnée par le décret est opérée, tous les esclaves des colonies françaises sont aujourd'hui en possession de la liberté ; en les émancipant on a proclamé qu'il était dû une indemnité, et que c'est *aux colons* que cette indemnité est due.

Il est évident que, dans la pensée du Gouvernement provisoire, comme dans celle de tous les hommes de bon sens, c'est d'une indemnité de dépossession qu'il s'agit ; que l'on a entendu restituer aux colons le capital dont ils ont été dépouillés, c'est-à-dire la valeur vénale de leurs esclaves.

C'est donc une dette sacrée que l'État a contractée envers les colons ; et, si le grand intérêt de la réorganisation du travail dans les colonies, si l'intérêt du bien-être de la population affranchie, si l'intérêt des relations commerciales de la métropole, se réunissent pour réclamer qu'il soit fait honneur à cette dette, ce n'est pas une raison pour confondre, comme le fait le projet de décret présenté le 23 août à l'Assemblée nationale, des considérations de cet ordre avec le principe même en

(1) Si nous sommes bien informé, c'est M. Marie, aujourd'hui garde des sceaux, qui aurait surtout insisté pour faire adopter cette nouvelle et significative rédaction.

vertu duquel les colons doivent être indemnisés ; ce n'est pas une raison pour étouffer le principe sous les auxiliaires qu'on lui donne. « Dire que les deux intérêts co-
» loniaux qui réclament l'indemnité, celui des proprié-
» taires et celui des noirs émancipés, sont également
» pressants aux yeux du gouvernement et n'en for-
» ment qu'un seul, qui, se résumant dans la conserva-
» tion du travail et de la production, prend place parmi
» les plus impérieuses obligations auxquelles ait en ce
» moment à satisfaire le gouvernement de la Répu-
» blique », c'est assimiler deux choses essentiellement
distinctes, c'est ménager une confusion extrêmement
préjudiciable aux colons : car c'est admettre au partage
direct de leur indemnité des hommes qui ne sont appelés
à en retirer qu'un bénéfice indirect ; c'est enlever enfin
à l'engagement de l'Etat envers eux un caractère qu'il
faut, pour l'honneur de l'un et pour l'intérêt des autres,
soigneusement lui conserver.

En effet, cette confusion a conduit les auteurs du
projet de décret à faire de l'indemnité une question de
plus-value de main-d'œuvre, une affaire de subvention,
qu'il est loisible, dès lors, de fixer arbitrairement. C'est
ainsi qu'ils sont arrivés à déplacer les bases de l'évaluation et à dénaturer complétement l'obligation de l'État
envers les colons.

Qui ne voit que, s'il ne s'agit plus d'une véritable dette,

Il sera facultatif de limiter à volonté la somme à allouer, d'en fractionner la distribution au point de la rendre dérisoire, et de prescrire même à ceux qui la recevront d'en faire, dans tout autre intérêt que dans leur intérêt propre, tel ou tel usage. C'est aussi ce que propose le projet de loi.

On dira peut-être que cette transformation est un acte d'habileté ; qu'elle a pour but de mieux assurer le vote de l'indemnité, en sauvant à la conscience timorée d'un grand nombre de représentants ce que ceux-ci trouvent d'odieux à payer une somme d'argent pour racheter des esclaves qu'ils ont pu, d'un mot, mettre en liberté.

Nous discuterons tout à l'heure la valeur de ce scrupule en lui-même ; mais nous voulons, dès à présent, protester contre une pareille défiance. Quelle que soit l'opinion que quelques uns de nos représentants ont pu émettre abstractivement et philosophiquement sur cette question avant de faire partie de l'Assemblée, il n'est pas douteux qu'appelés aujourd'hui à prononcer comme membres du souverain, ils ne soumettent leurs sentiments au contrôle de la justice, et ne réforment, comme magistrats suprêmes, la décision qu'ils avaient bénévolement offerte comme simples publicistes ou philosophes.

Ils le feront d'autant plus certainement, qu'ils comprendront qu'ils sont en même temps juges et parties, puisqu'ils sont les mandataires des contribuables qui auront à payer l'indemnité. Dépositaires de l'honneur de la France, ils ne voudront pas non plus souiller son nom par un acte de spoliation, et couvrir du voile transparent d'une philanthropique hypocrisie une honteuse et criante injustice ; le débiteur ne se cachera pas derrière le philanthrope.

Que certains esprits ne s'effraient donc pas de la hardiesse avec laquelle nous donnons aux choses leurs véritables noms. Si les colons sont faibles et dépendants, si l'Assemblée nationale, qui va statuer sur leurs réclamations, résume en elle la puissance de la France et possède une autorité sans limite, le droit n'en est pas moins le droit, et cette auguste Assemblée ne verra dans notre faiblesse et dans sa force qu'un motif de plus de se montrer scrupuleuse. La franchise de notre langage, loin d'éveiller en elle de misérables susceptibilités, lui donnera au contraire la mesure de notre confiance en sa loyauté.

Il résulte de ce que nous venons d'exposer qu'il est indispensable de soumettre de nouveau à une discussion approfondie les questions suivantes :

1° Les colons ont-ils un droit rigoureux à une indemnité pour l'affranchissement de leurs esclaves prononcé par le décret du 27 avril 1848 ?

2° Si cette indemnité est due, comment se calculera-t-elle et à quelle somme s'élèvera-t-elle ?

3° Comment l'État se libérera-t-il envers les colons ?

4° Quelles sont les modifications à introduire dans la position respective des colons débiteurs et de leurs créanciers ?

Dans le cours de la discussion de ces questions nous serons naturellement amené à examiner les diverses dispositions du projet de décret actuellement soumis à l'Assemblée nationale.

L'indemnité peut être envisagée encore sous d'autres rapports. 1° Elle forme une partie du gage sur lequel les négociants de nos ports de mer ont fait des avances aux colons; 2° elle est un moyen de maintenir aux colonies la production qui alimente l'activité commerciale de nos ports, et d'entretenir sans frais pour l'État une pépinière de matelots, qu'il lui serait avantageux de trouver le jour où il faudrait défendre sur les mers les intérêts de son commerce ou la dignité de son pavillon; 3° enfin si, faute d'une juste et convenable indemnité, les nombreuses industries qui de près ou de loin vivent de ces relations avec les colonies venaient à chômer, la population de nos ports de mer en éprouverait une aggravation de souffrances qui compliquerait cruellement la crise que subit en ce moment la France.

La question sera traitée sous ces derniers points de vue par les représentants de ces divers intérêts.

Les colons ont-ils un droit rigoureux à une indemnité ?

Lorsqu'en 1833 le parlement anglais, cédant aux manifestations impérieuses de l'opinion publique en Angleterre, s'occupa d'affranchir la population esclave de ses colonies, personne ne s'avisa de contester le droit des colons à une indemnité. Le respect pour la foi publique et pour le droit de propriété en particulier est entré trop avant dans les mœurs de ce pays pour qu'il en fût antrement.

L'Angleterre, pourtant, pliait déjà sous le faix d'une dette gigantesque ; mais sa longue expérience lui avait appris que l'adjonction d'une charge nouvelle à sa dette porterait moins d'atteinte à son crédit qu'un manque de foi, et, soit instinct, soit calcul, elle n'hésita pas ; la question ne fut même pas soulevée.

Les conséquences de cette manière de procéder furent bien sensibles dans les colonies anglaises. L'émancipation en reçut un caractère de justice et de loyauté qui influa heureusement sur les rapports des colons et des noirs entre eux, et sur les rapports des uns et des autres avec la mère-patrie. Celle-ci, reconnaissant que l'esclavage était un mal, le faisait cesser, mais en prenait l'odieux sur elle, qui l'avait établi, au lieu de le rejeter sur les colons, qu'elle y avait engagés. Elle restituait à ces derniers le capital qu'à son instigation ils avaient placé dans ce genre de propriété ; et, en libérant les noirs, elle se gardait bien de déchaîner contre les blancs leurs mauvaises passions. Aussi l'émancipation anglaise n'a-t-elle point eu à déplorer de violences ni d'effusion de sang ; les colons anglais n'ont point été forcés de s'expatrier, les colonies espagnoles et les États-Unis d'Amérique ne les ont point vus aborder leurs rivages dans un dénûment extrême et implorant un asile.

Certes, si la question du droit des colons à une indemnité était posée aux noirs eux-mêmes, à ces esclaves d'hier que la Révolution de février a érigés en citoyens français, leur réponse ne serait pas douteuse. Ils ne comprendraient pas toutes les subtilités à l'aide desquelles on s'efforce de donner le change à sa conscience pour spolier les colons. Ils diraient, avec ce gros bon sens qu'on leur connaît : « Français de la » métropole, vous exprimez aujourd'hui, au sujet de » l'esclavage, des sentiments qui vous honorent ; vous » brisez les fers que vous nous aviez donnés, et dans » lesquels, avant nous, vous aviez tenu nos pères. » Quelque tardif que soit ce retour aux lois de l'hu- » manité et aux préceptes de notre sainte religion, nous » devons en être et nous vous en sommes reconnais- » sants. Mais ne souillez pas à jamais cette solennelle

» réparation en refusant de rembourser aux hommes
» que vous aviez faits nos maîtres le prix que, sur la
» foi de vos lois, ils ont donné pour acquérir nos ser-
» vices ! Dans notre bouche, à nous, tout ce que vous
» dites contre le droit des colons à une indemnité se-
» rait très bien placé, parce que nous n'avons point
» été parties contractantes au traité intervenu dans l'o-
» rigine entre vous et les colons, que nous avons été
» seulement l'objet du traité. Nous sommes donc fondés
» à ne voir dans ce traité qu'un abus de la force ne
» pouvant donner naissance à aucun droit ; et, quand
» nous recouvrons notre liberté, par quelque cause
» que ce soit, c'est avec raison que nous dirions :
» Nous ne devons aucune indemnité.

» Mais ce langage, pouvez-vous le tenir, vous qui,
» dans toutes vos lois pour les colonies, nous avez
» déclarés *meubles*, assimilés aux *sommes de deniers* et
» *choses mobiliaires* (1) ; qui avez prodigué les primes,
» les immunités de toute espèce, pour exciter les Fran-
» çais à multiplier les importations d'esclaves noirs ;
» vous qui, à diverses reprises, avez mis des entraves
» au penchant naturel qu'avaient nos maîtres à nous
» émanciper (2) ; vous qui, plus tard, avez même
» frappé d'un droit énorme les autorisations d'affranchir.

(1) Edit du roi, de mars 1685. Art. 44, 45, 46.
(2) Arrêt du conseil d'état du roi, 24 octobre 1713. — Ordon-

» Reconnaissez-le donc , toute la question se réduit
» à ceci : Vous avez, à une autre époque, dit aux Fran-
» çais : l'Africain sera, dans nos colonies , une véri-
» table marchandise ; il importe à la prospérité de la
» France que vous en achetiez et fassiez travailler le
» plus grand nombre possible. Aujourd'hui vos senti-
» ments ont changé ; la voix de l'humanité s'est fait

nance du roi du 15 juin 1736. — Ordonnance des gouverneurs et intendants , 5 février 1768.

« Considérant, est-il dit dans l'arrêt du conseil d'état, qu'il
» s'est commis et se commet plusieurs abus par l'avidité de plu-
» sieurs habitants qui, sans autre motif que celui de leur avarice,
» mettent la liberté des nègres esclaves à prix d'argent, ce qui
» porte ceux-ci à se servir des voies les plus illicites pour se procu-
» rer les sommes nécessaires pour obtenir cette liberté , et désirant
» y pourvoir et empêcher les maîtres mercenaires de donner la li-
» berté à leurs esclaves pour de l'argent, ce qui les engageait dans
» le vol et le désordre, S. M. ordonne qu'à l'avenir il ne sera per-
» mis à aucunes personnes, de quelque qualité et condition qu'elles
» soient, d'affranchir leurs esclaves, sans avoir auparavant obtenu
» la permission par écrit du gouverneur général et de l'intendant.
» Veut, S. M., que tous les affranchissements faits sans ces per-
» missions soient nuls ; ordonne, S. M., que tous esclaves ainsi
» affranchis soient vendus à son profit.
» Par ordonnance de 1736, les maîtres étaient en outre condam-
» nés à une amende qui ne pouvait être moindre que la valeur des
» esclaves ainsi affranchis ».

Ainsi, le droit de rachat, consacré en 1845 dans la loi, comme un progrès considérable, était stigmatisé en 1713, et puni comme un délit.

Nonobstant ces pénalités, il se trouva en 1830 près de 20,000 esclaves jouissant d'une liberté de fait, dont il fallut régulariser l'état.

» entendre, vous avez honte d'avoir créé et si long-
» temps maintenu l'esclavage, et vous y avez mis fin.
» Mais vous commettriez une odieuse spoliation, vous
» déshonoreriez le nom français, si vous ne vous hâtiez
» d'indemniser les colons. Il est indigne des représen-
» tants d'un grand peuple de descendre à de miséra-
» bles chicanes pour éluder ses obligations. Indemnisez
» nos anciens maîtres : car, tant que cette satisfaction
» n'aura pas été donnée à la justice, nous pourrons
» craindre, d'ailleurs, que, comme cela s'est déjà vu
» une première fois (1), on ne nous reprenne plus tard
» notre liberté. Indemnisez, indemnisez. »

Ce raisonnement paraîtra sans réplique à tout homme désintéressé dans la question. Mais comme plusieurs
de ceux-là mêmes qui reconnaissent que l'indemnité est
due ne manquent pas d'oublier, l'instant d'après, que
c'est une dette, lorsqu'il s'agit d'en fixer le chiffre et
d'en laisser la libre disposition aux colons, il est in-

(1) La Convention avait proclamé l'affranchissement général dans
les colonies françaises. Ce décret n'avait recu d'exécution qu'à
Saint-Domingue, à la Guadeloupe et à la Guyane. La Martinique
était alors occupée par les Anglais ; l'Ile-de-France et Bourbon
avaient repoussé les commissaires de la Convention et se gouver-
nèrent elles-mêmes jusqu'à l'établissement du Consulat. A cette
époque les noirs de la Guadeloupe et de la Guyane furent remis en
esclavage. La même tentative eut lieu à Saint-Domingue ; on sait
quel en fut le résultat.

dispensable que nous discutions un à un tous les sophismes qui ont été accumulés sur ce sujet.

Et d'abord, on a dit : L'homme n'ayant jamais pu posséder l'homme, on ne saurait reconnaître aucun droit aux colons.

Je comprends qu'on dise que l'homme n'aurait jamais dû posséder l'homme, que l'esclavage n'a été établi qu'en violation des lois de la nature, et qu'entre le maître et l'esclave il n'existera jamais d'autre droit que celui dont J.-J. Rousseau a si bien fait justice dans le *Contrat social*, c'est-à-dire *le droit du plus fort* (1).

Mais c'est un fait, cependant, que, durant deux siècles, l'homme a été possédé par l'homme dans nos colonies ; que cette possession a été établie, encouragée, réglée, par les lois que la France leur donnait (2) ; que chacun a dû s'habituer à considérer le noir comme un objet de commerce, comme un instrument de travail ; à verser ses capitaux dans ce genre de propriété. Ne suffit-il pas de ce fait pour ouvrir aux colons une action

(1) Contrat soc., lib. I. chap. 3.

(2) En 1670. Arrêt du conseil qui exempte les noirs importés dans les colonies du droit de 5 p. 100 perçu sur toutes les entrées.

En 1672. Ordonnance du roi qui accorde une prime de 13 livres par tête de noir introduit, partageable entre l'armateur et le capitaine.

En 1681. Lettres patentes qui interdisent la traite à tous les autres qu'aux sujets français.

En 1783. Arrêt du conseil qui permet la traite aux étrangers, à

recursoire contre leur métropole lorsque celle-ci juge convenable de supprimer l'esclavage, c'est-à-dire de déclarer que, contrairement à tout ce qu'elle avait édicté jusqu'à ce jour, le noir ne pourra plus être ni vendu ni acheté, qu'il recouvrera la pleine disposition de sa personne ? Est-il besoin d'être légiste pour comprendre cela ? En quoi cela choque-t'il la raison et la justice ?

Si, en m'excitant à fonder ma fortune sur l'esclavage, parce que vous considériez tout à la fois la traite des noirs comme une branche de commerce très lucrative pour vous, et la multiplication de ces mêmes noirs comme un moyen d'accroître la prospérité de vos colonies, vous avez commis un outrage à la loi naturelle, outrage qu'il importait aujourd'hui de faire cesser, c'est par votre fait, à vous gouvernement, c'est sous votre garantie que j'ai acquis; et, quand vous venez maintenant me dépouiller, j'ai certainement le droit d'invoquer ce principe fondamental de toute justice, exprimé dans

la charge d'un droit de 100 fr. par tête, à convertir en primes pour la traite française.

En 1784. Autre arrêt du conseil portant une longue énumération d'avantages nouveaux à la traite.

En 1803. Arrêté qui élève la prime à 100 fr. par tête.

- Enfin, en 1814, Louis XVIII, recevant sa couronne des mains des souverains alliés, insiste pour obtenir et obtient de l'Angleterre la faculté de faire encore la traite pendant cinq ans.

l'art. 1382 de notre Code civil : « Tout fait quelconque
» de l'homme qui cause à autrui un dommage oblige
» celui par la faute duquel il est arrivé à le réparer. »

Non, s'écrient certains puritains, car la République n'est point solidaire des gouvernements qui l'ont
précédée ; elle ne peut, sans se déshonorer, accepter
les conséquences des erreurs de ses devanciers !

Cette doctrine serait fort commode, en vérité ; il suf-
firait qu'une nation eût changé la forme de son gouvernement pour qu'elle fût libre de répudier tous les engagements antérieurement contractés en son nom ! La
monarchie, succédant à son tour à la république, pourrait aussi se prévaloir de cette règle, et s'affranchir des
charges qui lui auraient été léguées. Mais que deviendrait alors la foi publique ? Que deviendrait le crédit de
l'État ?

C'est avec de semblables doctrines que les zélateurs
du gouvernement républicain sont parvenus à en rendre l'établissement si difficile en France, et à faire du
seul nom de république un sujet d'effroi pour beaucoup
de gens. Ils eussent dû, au contraire, s'attacher à re-
commander cette forme de gouvernement à la bienveil-
lance de tous, par le respect de tous les droits, par une
fidélité plus scrupuleuse aux engagements publics, par
une plus grande loyauté dans tous les actes.

Ces arguments n'ont donc rien de sérieux, rien qui supporte l'examen.

Ainsi, on le voit, il serait dû une indemnité aux colons, alors même qu'il s'agirait de les déposséder de la propriété absolue de leurs esclaves. Mais l'esclavage tel qu'il a été établi par l'édit de 1685, connu sous la dénomination de *Code noir*, diffère autant de l'esclavage des Grecs et des Romains que le christianisme diffère du paganisme. Il suffit de lire avec quelque attention cette œuvre pour acquérir la conviction que, dans l'esprit du législateur, la personne même de l'esclave n'était pas abandonnée au maître ; qu'on n'accordait à celui-ci que le droit de faire travailler le noir à son profit, à la charge de le nourrir, de le vêtir, de le soigner en cas de maladie, dans l'enfance et dans la vieillesse. C'est ce droit que l'Etat mettait dans le commerce, et permettait d'acheter et de vendre. Si le maître était autorisé *à infliger des châtiments à son esclave*, ce n'était que comme moyen de lui assurer la jouissance du travail de cet esclave ; le maître était, à cet égard, considéré comme un magistrat, et armé d'un pouvoir disciplinaire. La distinction entre le travail de l'homme et l'homme lui-même est délicate, nous en convenons ; aussi exposait-elle le législateur à tomber quelquefois dans certaines contradictions. C'est, par exemple, après

avoir déclaré « que les esclaves sont *meubles* (1), qu'ils
» peuvent comme tels entrer dans la communauté;
» qu'ils n'ont pas de suite par hypothèque; qu'ils se
» partagent également entre les cohéritiers, sans préci-
» put ni droit d'aînesse; qu'ils ne sont point sujets au
» domaine coutumier, au retrait féodal et lignager, aux
» droits seigneuriaux et féodaux, etc.; qu'ils peuvent
» cependant être stipulés *propres* à la personne, ainsi
» qu'il se pratique pour les *sommes de deniers* et *autres*
» *choses mobilières*; que les mêmes formes seront ob—
» servées dans les saisies des esclaves que celles pres-
» crites pour les saisies des *choses mobilières*, etc., etc.; »
c'est après avoir à ce point assimilé l'esclave à une véritable chose, que le législateur, se rappelant que la fiction ne peut détruire la personnalité humaine, s'efforce
de couvrir de sa protection cette personnalité.

« Il veut que tous les esclaves soient baptisés et in-
» struits dans la religion chrétienne, apostolique et ro-
» maine (2); défend de les faire travailler les jours de
» dimanche et de fête, depuis l'heure de minuit jusqu'à
» l'autre minuit; soumet leurs mariages aux mêmes so-
» lemnités que ceux des personnes libres; ordonne
» d'enterrer en terre sainte tous ceux d'entre eux qui

______

(1) Edit de mars 1685, art. 44, 45, 46.
(2) Edit de mars 1685, art. 2, 6, 10, 14, 22, 24, 26.

2

» auront été baptisés ; fixe la nourriture et le vêtement
» qui devront leur être fournis ; les autorise à se plain-
» dre aux magistrats toutes les fois que les maîtres ne
» se seront pas conformés à ces prescriptions, afin que
» ces derniers soient poursuivis et punis avec sévérité ;
» leur défend, en usant de la discipline domestique
» permise par l'art. 42, de leur donner la torture, ou
» de leur faire aucune mutilation, sous peine d'être
» poursuivis à l'extraordinaire. Enfin, il tient et répute
» pour affranchis tous esclaves qui auront été faits léga-
» taires universels par leurs maîtres, ou nommés exé-
» teurs testamentaires, ou tuteurs de leurs enfants. »

Il ressort évidemment de ces citations et de tout
l'ensemble de la législation coloniale que la pensée qui
y domine établit une distinction réelle entre le travail
de l'esclave et sa personne ; que certains droits sur la
personne ne sont concédés au maître que comme un
moyen nécessaire, indispensable, de lui assurer ce travail ; mais que l'autorité publique devait étendre sur
l'esclave une protection constante, pour empêcher que
le maître sortît des limites que lui traçait la loi.

Maintenant, que le magistrat n'ait pas toujours été
aussi vigilant qu'il était tenu de l'être ; qu'en fait, beaucoup de maîtres aient fini par se croire, sinon le droit
de vie ou de mort, du moins un droit plus étendu que
ne l'avait accordé le législateur, ce serait un abus re-

grettable, mais qui ne modifierait point la nature même du droit tel qu'il avait été établi dans l'origine, et M. Rossi était fondé à dire *que ce que la législation a seulement constitué aux colonies, c'est la possession légale du travail des noirs* (1).

Cette possession des forces travaillantes de l'homme, avec les nécessités qui en sont la conséquence, n'est pas moins choquante aujourd'hui pour nos idées nouvelles et pour nos sentiments ; nous y verrons toujours avec répulsion la violence faite au libre arbitre de l'homme. Mais, à cet égard, aussi bien qu'à l'égard de l'esclavage proprement dit, quelque odieux que soit le fait, l'État est non recevable à se prévaloir de son immoralité pour refuser une indemnité à ceux à qui il a dit : « Achetez ces hommes, achetez-les plutôt du com-
» merce national que du commerce étranger. Pour que
» le premier soit en mesure de vous les livrer à meil—
» leur marché, je lui accorde des primes (2). Vous
» posséderez ces hommes au même titre que les biens
» naturels ; je les classe parmi les *meubles*, les *choses*
» *mobilières*. La prospérité de la France est intéressée à

---

(1) Voir les procès-verbaux de la commission pour l'examen des questions relatives à l'abolition de l'esclavage. 3ᵐᵉ partie, séance du 21 février.

(2) Ordonn. déjà citées.

» ce que cette propriété se multiplie dans ses colonies. »

Que l'homme tout entier, ou que son travail seulement ait été l'objet de la possession consacrée par la loi, les colons sont donc, dans l'un et l'autre cas, fondés à réclamer une indemnité, une indemnité leur est due.

Car, enfin, on ne saurait trop le répéter, peu importe la nature de l'objet soumis au droit de propriété, ce droit est indépendant de la chose. « Est propriété, a dit » un illustre homme d'état américain, tout ce que la loi » a déclaré propriété (1).

En effet, si nous remontons à l'origine des choses, si nous nous reportons à cet état sauvage qui doit avoir précédé l'établissement des premières sociétés humaines, état que les jurisconsultes désignent par la dénomination de *communauté négative,* c'est-à-dire un état où tout est à la disposition de tous, sans que rien soit en propre à personne, nous verrons qu'il ne pouvait alors exister pour les individus qu'une occupation précaire. L'un s'emparait d'un morceau de terre, d'un arbre, d'un animal, d'un autre homme même, et s'en servait jusqu'à ce qu'un plus fort que lui vînt, ou le déposséder, ou le réduire lui-même en servitude. Mais un pareil état était trop contraire au développement des

-(1) Henry Clay, sénateur américain, chef du parti whig aux Etats-Unis.

destinées de l'homme pour pouvoir se perpétuer. On comprit bientôt l'avantage qu'il y aurait pour tous à assurer à chacun la paisible jouissance de ce dont il était en possession, et la société ne fut pas plus tôt formée que cette possession s'était, d'un commun consentement, transformée en appropriation : la propriété était constituée.

La propriété, le droit garanti par tous à un seul de posséder et de transmettre quelque chose que ce soit, à l'exclusion de tous autres, est conforme, sans doute, aux tendances de l'organisation humaine, mais suppose nécessairement l'état de société, et c'est à tort qu'on prétendrait qu'il existe des propriétés naturelles (1).

La propriété est donc d'institution sociale, et toutes les fois que la société, par l'organe du gouvernement qui la représente, a dit à ses membres : Je vous garan-

______

(1) Undè ineptè quœritur utrum proprietas rerum sit in naturâ an vero ex instituto? Nàm manifestum est eamdem provenire ab impositione hominum... — Ac sive accedat rebus proprietas, sive detrahatur, physicam earumdem substantiam nihil mutationis sentire . . . . ⁊

. . . .
His ità premissis manifestum est ante omnia hominum conventa fuisse omnium rerum communionem, non quidem illam quam *positivam* diximus, sed *negativam*, id est, res omnes fuisse in medio positas, et non magis ad hunc quam ad illum pertinuisse.

Puffendorf, *De jure nat. et gent.*, lib. 4., cap. 4.
Wolf. *Jus nat.*, 2ᵐᵉ part., § 104; Pothier, *De la propriété.*

tis l'entière et libre disposition de telle chose ; ou bien :
J'assimile, ou les prisonniers de guerre, ou les noirs
d'Afrique, à des choses, vous pouvez les acheter et les
vendre comme de véritables choses ; la société a commis bien certainement dans ces derniers cas un outrage
envers la nature humaine ; elle a toujours le droit, nous
disons même plus, c'est un devoir pour elle, de revenir
promptement à une plus saine appréciation des destinées de l'homme ; mais elle ne saurait arguer de l'immoralité de la loi qu'elle a établie pour se soustraire à
l'obligation d'indemniser ceux dont elle supprime la
propriété.

Une fois qu'il est admis que la propriété, dans son
essence, n'est autre chose que le droit concédé par la
société à un de ses membres de jouir et de disposer de
n'importe quoi, à l'exclusion de toutes autres personnes,
les distinctions qu'on peut signaler entre le droit de
propriété en tant qu'exercé sur les objets ordinaires et
le droit de propriété en tant qu'exercé sur la personne
des esclaves ne sauraient, en aucune manière, atteindre et modifier la garantie promise à cette nature de
propriété, comme à toutes les autres, par la société.

Examinons toutefois ces diverses distinctions.

Exercé sur des esclaves, a-t-on dit, le droit de
propriété est limité. Le maître peut faire travailler ses
esclaves, mais durant un nombre d'heures déterminé ;

il ne fait pas ce qu'il veut de sa chose, il en fait ce qu'il lui est permis d'en faire.

En matière ordinaire, au contraire, le droit de propriété est indéfini, il n'a de limite que dans l'obligation de ne pas nuire à autrui. Sous cette restriction, qui n'en est pas une intrinsèquement, le propriétaire fait ce qu'il veut de sa chose.

Il n'est pas exact de dire qu'en matière ordinaire le droit de propriété n'ait de limite que dans l'obligation de ne pas nuire à autrui, car l'intérêt général impose souvent aussi des restrictions. En France, par exemple, il n'est pas permis à tout le monde de cultiver du tabac dans son champ ou de convertir en poudre à canon les matières qu'il a à sa disposition, etc., etc. Pour cette propriété, comme pour l'autre, on ne fait donc de sa chose que ce qu'il est permis d'en faire.

En concédant un droit pour l'avantage général, la société s'est évidemment réservé celui de le modifier et de le restreindre, selon que cet avantage général bien constaté l'exigerait (1). L'utilité privée doit, en cela

(1) Les auteurs qui depuis quelque temps attaquent le principe même de la propriété se trompent, non pas lorsqu'ils attribuent à la société le droit de supprimer la propriété, mais bien lorsqu'ils prétendent qu'il y aurait avantage à la supprimer.

L'origine de la propriété se confond avec celle de la société elle-même, parce que, l'une étant indispensable à l'établissement et au maintien de l'autre, elles ont, par la force des choses, pris nais-

comme toujours, s'effacer devant l'utilité publique reconnue.

Mais, ajoute-t-on, en matière ordinaire, le droit de propriété est absolu, c'est celui d'user et d'abuser.

Exercé sur des esclaves, ce droit est soumis à des conditions; le maître a des devoirs à remplir envers ses esclaves; il est tenu de les loger, de les vêtir, de les nourrir, de les traiter avec humanité.

Le droit d'user et d'abuser, même en matière ordinaire, est, nous l'avons déjà démontré, renfermé dans de certaines limites, *quatenus juris ratio patitur* (1).

Qu'est-ce à dire, d'ailleurs? Est-ce que dans certains pays les lois ne punissent pas aussi les mauvais traitements infligés aux animaux? Prétendra-t-on pour cela qu'en Angleterre, par exemple, le gouvernement pourrait enlever à un propriétaire son cheval ou son bœuf, en lui déclarant que, ne possédant pas ces animaux d'une manière aussi absolue qu'il posséde sa maison

sance en même temps. Mais la propriété étant instituée pour l'avantage de la société, il est hors de doute que la société pourrait la supprimer s'il en devait résulter des avantages pour elle; il faudrait seulement que ce fussent des avantages bien constatés, que la nécessité de cette suppression fût généralement reconnue, et il n'appartiendra jamais à une imperceptible minorité d'imposer à cet égard ses rêveries à la majorité. D'ailleurs l'étude de l'homme et celle des faits sociaux démontrent que la propriété est la véritable fondation de toute société.

(1) *Jus utendi et abutendi quatenus juris ratio patitur*

ou son champ, il peut en être exproprié sans indemnité ?

On dit encore : En matière ordinaire, le droit de propriété est incommutable ; il est toujours identique à lui-même ; il passe de mains en mains dans son intégrité essentielle ; il est le même aujourd'hui, dans dix ans, dans cent ans ; l'Etat est sans qualité pour le restreindre, *si ce n'est dans un intérêt public*, c'est-à-dire dans un intérêt étranger à tout rapport entre le propriétaire et la chose appropriée.

Tandis qu'exercé sur des esclaves, ce droit est mobile et variable ; il change d'époque en époque, en raison du progrès des lumières, selon la diversité des circonstances sociales ; l'Etat a toujours qualité pour le modifier, pour le restreindre, pour régler différemment les rapports entre le propriétaire et la chose appropriée.

C'est toujours le même sophisme, sous une forme différente. Nous lui opposerons le même fait : celui des lois pénales portées dans certains pays pour la protection des animaux. Ces lois en Angleterre ne datent pas de très loin ; on les a longtemps réclamées du parlement avant de les obtenir. Le droit de propriété sur les animaux, dans ce pays, n'est donc pas aujourd'hui ce qu'il était avant la promulgation de ces lois. Pour l'animal, comme pour l'homme noir dans les colonies, ce droit n'a donc pas été transmis dans son intégrité, il n'est donc pas aujourd'hui ce qu'il était hier, et il peut dans l'avenir subir de nouvelles modifications; il est toujours subordonné aux convenances de l'intérêt général, qui, dans l'espèce, n'est pas resté étranger aux rapports entre le propriétaire et la chose appropriée.

Mais on insiste. En matière ordinaire, dit-on, le droit de propriété est perpétuel, non pas en ce sens que l'objet approprié ne puisse périr, non pas en ce sens que l'objet approprié doive toujours demeurer dans les mêmes mains, mais en ce sens que l'objet approprié est destiné par sa nature à passer de mains en mains, et à trouver maître tant qu'il subsiste ; en ce sens qu'à l'égard de cet objet et de tout autre semblable, le droit de propriété ne s'éteint pas, et qu'à défaut de titulaire assignable il compète à l'État ou au premier occupant.

Exercé sur des esclaves le droit de propriété est temporaire : à l'égard de chaque objet approprié, c'est-à-dire de chaque esclave, il s'éteint ou peut s'éteindre par l'affranchissement, du vivant de l'esclave ; à l'égard des esclaves en général, l'esclavage, partout où il existe, doit disparaître tôt ou tard ; tout le monde en convient, on ne dispute que sur l'époque.

Ce n'est que depuis environ vingt-cinq ans que la perpétuité de l'esclavage a pu être mise en doute par les colons français. A l'époque où il était réglementé par les lois, où le législateur, préoccupé de la crainte que l'esprit débonnaire des colons ne minât, par un grand nombre d'affranchissements, la base qu'il avait cru devoir donner à l'ordre social dans les colonies, cherchait à mettre un frein à ces affranchissements (1), pouvait-il venir à la pensée de personne que l'esclavage ne dût pas se perpétuer ? La métropole, aussi bien que les colonies, le considérait comme perpétuel. Plus tard, en 1814, Louis XVIII, dans le traité signé à Paris le 30 mai, stipulait pour la France la faculté de faire encore pendant cinq ans la traite des noirs, et il obtenait le consentement de l'Angleterre, qui, elle, pourtant, avait déjà supprimé la traite dans ses possessions. Il est notoire que, jusqu'en 1828, à l'avénement de M. Hyde de Neuville au ministère de la marine, les gouverneurs des colonies recevaient bien dans leurs instructions écrites la recommandation de poursuivre avec rigueur les négriers, mais qu'on leur disait tout bas à l'oreille de fermer les yeux sur ce commerce.

L'esclavage se présentait donc aux colons avec tous les caractères de la perpétuité.

L'esclave, par la nature fictive que lui avait conférée la loi, était, aussi bien que toute autre chose appropriée, destiné à passer de mains en mains, et à trouver maître tant qu'il vivait. A défaut de titulaire assignable, il compétait aussi à l'Etat (2).

(1) Ordonnances déjà citées de 1713, 1726, 1768.
(2) Voir l'arrêt en règlement du 13 septembre 1726, où il est dit :

Si le droit de propriété sur l'esclave s'éteignait par l'affranchissement, c'est parce que l'affranchissement avait précisément pour objet de faire tomber la fiction de la loi, et transformait l'esclave en homme libre. Par l'affranchissement, la chose possédée, en tant que chose susceptible d'être possédée, s'évanouissait avec le droit du propriétaire : l'esclave avait cessé d'exister, l'homme était rentré dans son état naturel.

C'est donc sans raison qu'on s'est efforcé d'établir *qu'autre chose est la propriété en général, autre chose la propriété des esclaves, et qu'un colon de la Martinique ou de la Guadeloupe, s'il est également propriétaire de son habitation et de son atelier, en est pourtant proprié- taire à des titres différents.*

Ces distinctions entre la propriété dite *ordinaire* et *na- turelle* et la propriété qualifiée d'*exceptionnelle*, d'*ex- traordinaire*, de *purement légale*, de propriété *limitée*,

« que les nègres *épaves* (1), seront pareillement mis ès dites pri-
» sons, à la charge et garde des geôliers ; que lesdits épaves seront
» vendus tous les trois mois, à la diligence du procureur général,
» au plus offrant et dernier enchérisseur, et le prix en sera *remis*
» *aux receveurs des domaines du roi,* etc., etc. »
Toutes ces choses nous paraissent aujourd'hui à bon droit bles-
ser le sens moral, et nous révoltent, mais elles semblaient toutes
simples alors que tous les grands peuples civilisés possédaient des
esclaves dans leurs colonies, alors qu'il existait même encore en
France des vestiges de la servitude féodale.

(1) *Épaves,* c'est-à-dire choses sans maîtres connus.

conditionnelle, *variable*, *temporaire*, n'atteignent et ne peuvent atteindre le fond même du droit dans ses rapports avec la garantie dont l'Etat est tenu. On n'arrive à en tirer une conséquence contraire qu'en s'abandonnant à la confusion à laquelle donne lieu le mot de *propriété*, qui, dans l'usage, s'emploie indifféremment pour désigner soit la chose appropriée, soit le droit de propriété lui-même.

Il est évident que cette jouissance exclusive garantie par tous à un seul a plus ou moins de valeur vénale, suivant que la loi l'a plus ou moins restreinte ou étendue, mais que ces restrictions ou ces extensions n'influent en rien sur le caractère du droit lui-même, sur le *domaine*, sur le *jus dominii*, qui est aussi inviolable dans un cas que dans l'autre (1).

On a bien voulu reconnaître que, tant que l'esclavage subsiste, aucun maître ne pourrait, au nom de l'État et dans un intérêt public, être privé d'un ou de plusieurs de ses noirs, s'il n'avait été préalablement offert au pro-

(1) Les jurisconsultes distinguent aussi la propriété en *propriété parfaite* et *propriété imparfaite*. La propriété est parfaite, dit Toullier, lorsque le propriétaire n'est gêné en rien dans l'exercice des droits qu'elle renferme, lorsqu'aucun de ces droits n'en n'a été détaché; elle est imparfaite lorsqu'il est gêné dans cet exercice, lorsque quelques uns de ces droits en ont été détachés.

La loi peut mettre des bornes aux trois attributs de la propriété : jouir, exclure et disposer. (Toullier, *Droit civil*, lib. 2.)

On n'en peut conclure que le droit soit plus ou moins inviolable, selon que la propriété est plus ou moins étendue.

priétaire un équivalent à titre d'indemnité. Mais on soutient que, comme il s'agit d'une institution exceptionnelle, et par cela même temporaire, l'Etat, qui l'a créée, a le droit de la supprimer, et que, s'il le fait, s'il proclame qu'à telle époque les noirs cesseront d'être esclaves, il le peut sans payer aucune indemnité aux maîtres.

Ce serait pourtant, dans ce dernier cas, quoi qu'on en dise, une véritable expropriation pour cause d'utilité ou de moralité publique, ainsi que l'a écrit M. Schœlcher ; et l'État, qui, de votre aveu, ne pourrait enlever aux colons un seul de leurs esclaves sans leur en payer le prix, ne saurait être davantage autorisé à les leur enlever tous, en supprimant en masse une propriété sur laquelle il les a conviés, sollicités avec instances à fonder leur fortune. Dans un cas, l'État s'empare d'une partie de notre propriété dans un intérêt public, il ne l'anéantit pas ; dans l'autre cas, il la supprime tout entière pour satisfaire aux nouveaux sentiments qui prédominent dans la nation. Le résultat est le même pour nous ; dans l'un et l'autre cas, nous sommes dépouillés d'une valeur que l'État nous avait appris à considérer comme une valeur licite, à laquelle, par conséquent, il avait donné sa garantie.

Les règles de la morale sont les mêmes pour tous. Ce qui serait réputé un manque de foi odieux de la part d'un simple citoyen, que les tribunaux contraindraient à remplir ses engagements, ne saurait être permis à un gouvernement. Un gouvernement doit d'autant plus s'observer dans l'appréciation de ses droits et de ses devoirs, qu'il n'existe entre lui et les particuliers, en pareille matière, aucune autorité humaine qui puisse s'interposer : l'Etat est en même tems juge et partie.

Ce n'est pas encore tout. On est allé jusqu'à qualifier de *privilége* la propriété de l'esclave ; et, en matière d'institution exceptionnelle, a-t-on dit, il est de principe que quiconque acquiert profite à ses risques et périls, sachant bien qu'un tel état de choses doit être aboli quelque jour, et peut l'être chaque jour. Quiconque place ainsi tout ou partie de sa fortune est réputé trouver dans les bénéfices d'un tel placement la compensation des chances auxquelles il s'expose, l'amortissement du capital qu'il engage.

Nous avons déjà démontré l'inanité de cette objection tirée du caractère temporaire et révocable de l'esclavage, en faisant voir qu'au contraire cette institution avait été présentée aux colons de manière à leur persuader qu'elle serait aussi perpétuelle qu'il est donné de l'être aux institutions humaines. Elle était consacrée par le droit public de toutes les grandes nations de l'Europe ; on avait vu l'Angleterre faire la guerre à l'Espagne pour obtenir l'autorisation d'importer annuellement un certain nombre de noirs dans la partie du vaste continent de l'Amérique qui appartenait à cette puissance (1). L'État s'imposait des sacrifices pour encourager le commerce des esclaves, refrénait par des amendes et des confiscations le penchant des colons à multiplier les manumissions, donnait enfin l'esclavage pour base principale à la société coloniale.

Quant aux bénéfices au moyen desquels les colons anciens auraient pu amortir leur capital, l'auteur même de cette objection a pris soin de dire ce que sont ces bénéfices (2).

« Pour que l'Etat fût en droit de tenir un tel langage,
» dit M. de Broglie, il faudrait qu'il eût scrupuleusement
» respecté ces bénéfices, qu'il eût observé avec exac-
» titude les promesses du pacte colonial, qu'il eût inva-
» riablement maintenu aux colons les avantages de la
» position exceptionnelle qu'il leur avait faite. Depuis
» quinze ans (cela s'écrivait en 1842) il élève, il favo-
» rise sur le marché français une concurrence ruineuse
» pour les colons; il réduit les bénéfices de l'industrie
» coloniale au plus strict nécessaire, il compromet
» l'existence même de cette industrie. Un tel langage
» dans sa bouche ne serait qu'une amère dérision. »

(1) Voir le traité connu sous le nom de *Traité de l'assiento.*

(2) Voir le rapport fait par M. de Broglie, au nom de la commission pour l'examen des questions relatives à l'abolition de l'esclavage. Page 271.

D'ailleurs, depuis l'époque où le gouvernement de la métropole a commencé à parler de l'abolition de l'esclavage, il a constamment annoncé cette abolition comme devant être précédée ou accompagnée d'une juste et loyale indemnité.

Mais, poursuivant toujours la distinction établie entre les divers objets soumis au droit de propriété, on a comparé la propriété des colons à celle des offices ministériels. Un notaire de Paris, a-t-on dit, peut être tout à la fois propriétaire de la maison qu'il habite et de son office, de sa charge de notaire; il peut faire acte de propriété à l'égard de l'une et de l'autre: il en est néanmoins propriétaire à des titres très différents; c'est-à-dire que l'Etat, qui ne pourrait exproprier ce notaire de sa maison sans l'indemniser préalablement, pourrait fort bien disposer de sa charge sans lui rien accorder.

Il existe entre ces deux natures de propriété une différence essentielle.

Le droit de propriété du notaire sur sa charge n'a jamais été explicitement, formellement reconnu et consacré par la loi. Ce qui lui a été reconnu, c'est seulement la faculté de présenter son successeur (1), que le garde des sceaux est toujours libre de refuser, si la per-

_____

(1) Voir la loi du 28 avril 1816, art. 91.

sonne présentée ne lui paraît pas offrir les garanties de capacité et de moralité requises. La vente et l'achat des offices ont plutôt été tolérés que véritablement autorisés, et c'est sur cette distinction fondamentale qu'on s'est appuyé pour contester aux officiers ministériels leur droit de propriété,

« Attendu, porte un arrêt récent de la Cour de Rouen, » qu'une faculté de présentation, quelles que puissent » être les conséquences plus ou moins forcées que l'u- » sage ou l'abus soit parvenu à en tirer, *ne saurait* » *être assimilée à un droit de propriété.* »

Peut-on, nous le demandons, comparer une semblable propriété à celle des colons, qu'une foule d'actes législatifs ont consacrée, réglée et encouragée ? Si donc l'indemnité de dépossession est contestée aux notaires, ce n'est pas parce que la propriété de leurs offices serait une *propriété légale ou artificielle*, mais bien parce que le droit d'en disposer comme propriétaire ne leur aurait pas été formellement reconnu (1).

La qualification de privilége donnée à la propriété des colons par ses adversaires a conduit de proche en

---

(1) C'est cependant une question de bonne foi. Si l'État n'a pas expressément consacré ce droit, il l'a du moins implicitement reconnu, avec la seule restriction que l'acquéreur devrait être agréé par lui ; et lorsque l'Etat décide des intérêts de tous les citoyens ou d'une partie des citoyens, il doit plutôt s'arrêter à la sincérité des choses qu'à la rigueur des termes.

proche jusqu'aux méprises les plus étranges. Quelle était, s'est-on écrié, la principale objection à la proposition d'indemniser les fabricants de sucre de betterave, lorsqu'il s'est agi de supprimer les établissements formés sous la protection d'un privilége ? L'objection, c'est que l'exemple serait dangereux, c'est que quiconque obtiendrait à l'avenir un privilége quelconque se prévaudrait de cet exemple pour réclamer des indemnités dès qu'on tenterait de supprimer ce privilége, c'est que l'Etat serait réduit à racheter à prix d'argent la faculté de rentrer dans le droit commun.

Ce n'était pas l'établissement d'un impôt sur le sucre de betterave qui motivait la réclamation d'une indemnité, mais bien l'interdiction de fabriquer.

Le sucre de betterave avait, par le fait, joui d'une exemption d'impôts qui constituait à son profit et au préjudice des colons un véritable privilége, puisque le sucre colonial était seul passible d'un droit fiscal. Le sucre de betterave ne se défendait pas de l'impôt, en excipant de son privilége ; il invoquait seulement l'intérêt que, selon lui, avait la France à développer chez elle la production du sucre, et il se disait trop faible encore pour supporter l'égalité des charges. En trompant l'opinion publique, il parvint à prolonger durant plusieurs années cette immunité. La convenance du rachat et de la suppression de cette industrie par l'Etat était controversée ; mais en lui-même, le droit des fabricants à une indemnité, au cas où l'Etat croirait devoir, dans un intérêt public, leur interdir une fabrication au service de laquelle ils avaient engagé des capitaux considérables et fait de grands sacrifices, ce droit est toujours demeuré en dehors de toute contestation ; et il n'en pouvait être autrement.

Ce fait servirait donc plutôt à justifier qu'à repousser les réclamations des colons.

Il reste encore un argument qui ne laisse pas que d'avoir une certaine force aux yeux des hommes qui ne se donnent pas la peine de tout examiner. On voudrait assimiler la propriété des colons aux droits féodaux, qui furent abolis sans indemnité au commencement de notre première révolution.

Les droits féodaux avaient été aussi reconnus, consacrés par les lois, durant plusieurs siècles ; mais on ne doit pas oublier pourquoi ils furent abolis.

On les considérais comme institués par la conquête, comme imposés au peuple conquis par le peuple conquérant. Or, qu'était la révolution de 1789 ? Une réaction du peuple conquis contre le peuple conquérant ; le premier, représenté par le tiers-état, se trouvait précisément dans la position du noir recouvrant sa liberté et disant : Je ne dois aucune indemnité, moi ; ce que vous m'aviez imposé, vous l'aviez imposé parce que vous étiez le plus fort ; je suis devenu aujourd'hui le plus fort : avec votre supériorité , votre droit s'est évanoui.

On comprend parfaitement que telle n'est pas, que telle ne peut pas être la position de la métropole à l'égard de ses colons, quand elle supprime la propriété de ceux-ci.

Nous croyons avoir victorieusement réfuté tous les arguments employés pour faire déclarer les colons mal fondés et non recevables à réclamer une indemnité.

Cette indemnité est donc une dette sacrée pour la France ; cette dette, elle ne peut la renier sans se déshonorer. Si les embarras momentanés du trésor ne lui permettaient pas de l'acquitter intégralement aujourd'hui , elle croira du moins sa gloire intéressée à en constater avec équité la quotité , et à prendre, pour sa libération , les termes les moins éloignés que comportera sa situation financière. Elle entendra ces paroles d'un auteur qui certes ne sera pas soupçonné de partialité pour les colons :

« Indemnité donc pour les créoles, indemnité raison-
» nable, *loyalement débattue de part et d'autre*, parce
» que, si les colons ont des esclaves, c'est la France qui
» l'a voulu ; indemnité, parce que les créanciers des
» colons dépouillés seraient subsidiairement dépouillés,
» eux qui prêtèrent sur la garantie d'un bien légale-
» ment reconnu ; indemnité, parce que c'est assurer

» la réussite de la grande mesure, amoindrir la se-
» cousse inévitable, en donnant aux colons les moyens
» pécuniaires d'entretenir le travail libre ; et il existe
» une raison plus forte, plus haute, plus puissante,
» plus absolue, plus sainte que toutes celles-là : in-
» demnité, parce que c'est justice (1).

» Notre conscience ne nous laisse aucune hésitation
» et ne nous permet d'admettre aucune discussion sur
» ce point. »

(1) Schœlcher, *Des colonies françaises*, p. 261.

Comment établir l'indemnité, et à quel chiffre s'élèvera-t-elle ?

Le nombre total de la population esclave de toutes les possessions françaises s'élève à 260,000. Ce serait donc 260 millions que la métropole aurait à payer pour faire disparaître la servitude qui souille encore quelques terres françaises. La France doit donner cette somme, et elle la donnera. Il ne s'agit pas du trésor, mais de la morale. Il faudrait désespérer de la charité de la grande nation si l'on pouvait douter d'obtenir des Chambres l'argent nécessaire pour désinfecter les colonies. Elle a pu donner un milliard aux émigrés ; elle a pu jeter 140 millions dans les fortifications, et elle ne pourrait payer l'affranchissement ! Nous ne le voulons pas croire. — L'indemnité une fois reconnue légitime en droit et en fait, on ne doit pas supposer que nos Chambres veuillent se déshonorer aux yeux de l'univers en refusant l'émancipation par un vil sentiment d'économie. Dix millions de rente n'augmenteraient pas le budget d'un centime par franc, et ce grand opprobre de la civilisation serait effacé, et dans moins d'un quart de siècle cette dépense, qui semble énorme, se trouverait n'avoir été qu'un placement productif.

SCHŒLCHER, *Colonies françaises*, page 266.)

Si en droit strict et en équité l'État est tenu d'indemniser les colons de la perte qu'il leur fait éprouver en émancipant leurs esclaves, si c'est une dette qu'il acquitte lorsqu'il leur paie cette indemnité, il ne lui est pas permis de prendre en considération dans la liquidation de cette dette la situation plus ou moins obérée de ses finances ; son devoir est de faire constater avec une rigoureuse exactitude l'étendue et la valeur du dommage, à quelque somme que ce dommage puisse s'élever.

Il en sera autrement lorsqu'il s'agira de déterminer l'époque et le mode de paiement. Ici on comprend que les facultés actuelles et les facultés à venir présumables du débiteur doivent peser d'un grand poids, et qu'il est aussi licite que convenable de rechercher toutes les combinaisons susceptibles de rendre sa libération moins onéreuse, sans nuire aux intérêts des créanciers.

Ce que l'État doit, il le doit; et quelle que soit la pénurie du trésor dans le moment, il ne saurait s'en prévaloir pour réduire le chiffre de ce qu'il doit : car, enfin, la France est encore loin d'être insolvable, Dieu merci ! Ses embarras ne sont que momentanés; ils ne proviennent que de l'absence de la confiance; ses ressources renaîtront dès que son gouvernement aura pris de la stabilité; ses ressources sont trop grandes pour qu'il lui soit permis de faire banqueroute, et ce serait faire banqueroute que de refuser de reconnaître la totalité de la somme équivalente au dommage causé aux colons, fût-on même hors d'état de leur rien compter avant plusieurs années. Dans ce cas, si l'impossibilité de payer était bien constatée, l'honneur exigerait qu'on inscrivît toujours la créance au grand-livre de la dette publique, en en ajournant l'acquittement à l'époque où le retour de la prospérité donnerait les moyens de se libérer. Les colons ruinés iraient mendier sur la plage étrangère un asile et du pain (1); les noirs, livrés à eux-mêmes, reconstitueraient l'Afrique dans ces colonies jadis si florissantes; un grand débouché serait perdu pour

______

(1) Cette émigration a déjà commencé à la Guadeloupe ; elle se continue à la Martinique sur une très grande échelle.

les produits des manufactures françaises, un grand aliment pour sa marine marchande; le malaise de la population de nos grands ports de mer s'en accroîtrait outre mesure; un vaste cri d'accusation s'élèverait contre ceux qui ont commencé et contre ceux qui auraient achevé la ruine de ces établissements, l'une des plus grandes gloires du grand règne. Mais, du moins, l'honneur du pays serait intact, car l'État aurait fait, en reconnaissant la dette et en s'engageant à la payer plus tard, tout ce qu'il lui serait possible de faire. A l'impossible nul n'est tenu.

Mais, nous l'avons dit, la France n'en est pas réduite à cette douloureuse extrémité. Elle peut, et dès lors elle doit payer. Il s'agit seulement de trouver des moyens de lui faciliter sa libération.

C'est ici le lieu de discuter l'exposé des motifs du projet de décret.

Nous avons déjà, au commencement de ce mémoire, signalé ce qu'il y a d'injuste et de compromettant à placer sur la même ligne, au même titre, et comme également pressants, les deux intérêts au nom desquels on réclame l'indemnité. Nous avons expliqué et démontré que, pour les colons, il s'agissait d'un droit rigoureux qui passe avant tout, tandis que pour les noirs ce n'est qu'une considération d'intérêt public, qui s'ajoute accessoirement à toutes celles de même nature qu'on peut faire valoir ; qui a sans doute une grande force ; qui tend à prouver à l'état qu'en acquittant une dette il pourvoit indirectement, mais sûrement, à la conservation du travail et de la production ; qu'il fait en même temps un acte de saine économie politique ; que, par conséquent, son intérêt s'accorde avec son devoir. Mais confondre deux choses aussi différentes que le droit des uns et l'intérêt des autres pour arriver à transformer en subvention une véritable, dette pourrait paraître une manœuvre déloyale, indigne d'un gouvernement qui se respecte, une suggestion de la mauvaise foi pour réduire arbitrairement la somme à payer aux colons. Nous ne sommes assurément pas disposés à accuser le ministère de sentiments aussi peu honnêtes. Cependant, comment qualifier l'étrange assurance avec laquelle on lui fait dire dans l'exposé des motifs qu'il ne « croit » pas devoir baser l'indemnité sur la valeur vénale des » noirs, *non seulement* parce que ce mode *donnerait un* » *résultat hors de toute proportion avec les ressources* » *des finances de la République,* mais parce qu'il impli-» querait une sorte d'expropriation pour cause d'utilité » publique à l'égard des anciens propriétaires. » Nous croyons avoir démontré jusqu'à satiété que l'État ne peut échapper à la nécessité de reconnaître que les colons ont subi une véritable expropriation pour cause d'utilité ou de moralité publique, pour la satisfaction enfin d'un sentiment public, et nous n'avons pas à revenir sur ce dernier motif.

L'injustice et l'immoralité du premier motif sautent aux yeux.

En effet, il ne dépend pas de l'État de choisir, à son gré, à sa fantaisie, ou selon son intérêt, tel ou tel mode d'évaluation ; il ne lui est pas permis de préférer tel mode à tel autre, par le motif que, s'il l'adopte, il aura moins à payer : la justice veut qu'il procède à une estimation exacte et rigoureuse de la valeur qu'il enlève aux colons ; ce qu'il doit se proposer, c'est d'arriver à cette juste appréciation. En donnant d'ailleurs la préférence à la main-d'œuvre sur la valeur vénale des noirs, il recourt, de son aveu même, à une base incertaine, pour laquelle, du moins quant au régime de la liberté, il manque de données, une base arbitraire, et qu'il ne préfère que parce qu'elle doit le constituer débiteur d'une somme moindre.

Cela mérite-t-il les honneurs d'une discussion ? cela peut-il soutenir les regards d'une grande assemblée ? Hâtons-nous, pour l'honneur du pays, de voiler cette partie de l'exposé des motifs, et passons.

Il est un point qu'on a toujours perdu de vue en discutant cette question de l'indemnité, c'est qu'il y a dans la propriété du colon autre chose qu'une différence de salaire. Le salaire, pour le colon, c'était la nourriture, le vêtement, l'entretien enfin de son esclave, en santé et en maladie, dans l'enfance et dans la vieillesse. Ce salaire, le colon le devait toujours, que son esclave lui rendît ou non un service profitable. Mais le droit de faire travailler son esclave en lui payant un salaire sous cette forme, ce droit lui-même, il avait fallu l'acheter, et le colon y avait employé un prix qui se proportionnait aux profits qu'on pouvait se promettre du travail de l'esclave. C'est donc ce prix exposé, cette mise dehors, que le colon perd par l'émancipation, c'est là véritablement ce qui doit lui être remboursé ; et, pour le constater, il n'est pas besoin de se livrer à des calculs à perte de vue, à des comparaisons conjecturales et arbitraires du salaire sous le régime de l'esclavage et du salaire sous le régime de la liberté. La base naturelle, la base raisonnable, la base indiquée par la justice, sera donc la valeur vénale des noirs. C'est la perte de cette valeur qui constitue en effet le dommage direct qu'ont éprouvé les colons. Encore une fois, le scrupule qui porterait à éviter de paraître racheter la liberté de la population noire n'est pas sérieux ; il ne supporte pas l'examen. On ne peut pas faire que l'esclavage n'ait existé, que les noirs n'aient été soumis légalement à un droit de propriété. On a satisfait aux sentiments nouveaux et plus éclairés qui ont prévalu de nos jours, en émancipant les esclaves, et le gouvernement, après avoir obéi au vœu de l'humanité, remplit un devoir qui en est la conséquence, en désintéressant les colons. Il n'est rien là qui ne puisse s'avouer, se faire au grand jour, rien qui ne soit honorable pour un grand peuple. Ce dont il aurait à rougir, ce serait de s'efforcer par de mauvaises chicanes de tromper sa conscience, de descendre, pour se soustraire à l'obligation d'indemniser les colons, aux plus méprisables subtilités, aux faux semblants d'une pruderie humanitaire.

Tenons donc pour incontestable que la valeur vénale des noirs est la seule base qui puisse être donnée à l'indemnité ; et, cela posé, passons à l'évaluation de cette indemnité.

Les colons disent : Notre propriété, composée d'esclaves, de terres et de bâtiments, formait un tout, dans lequel chacun de ces éléments, non seulement possédait une valeur intrinsèque, mais acquérait par cette réunion une valeur relative considérable. Ce sont les noirs surtout qui donnaient aux terres et aux bâtiments leur importance ; sans les noirs, les terres et les bâtiments restent à peu près sans valeur. Or, si, en démembrant ainsi notre propriété, vous ne nous remboursez que la valeur intrinsèque, absolue des noirs, vous ne nous indemnisez pas complétement, puisque avec le prix de ces noirs nous n'avons aucun moyen de nous procurer un travail suffisant pour tirer parti de la portion de notre propriété que vous nous laissez, et que cette portion restera stérile entre nos mains. C'est la distinction entre le dommage direct et le dommage indirect.

On sait qu'en 1840 il avait été formé une commission pour examiner toutes les questions relatives à l'abolition de l'esclavage. Cette commission se composait de membres des deux chambres, d'anciens gouverneurs des colonies, et était présidée par M. de Broglie. Le résultat de ses investigations et de ses études a été consigné dans un rapport extrêment remarquable, qui atteste avec quel soin et quelle consciencieuse attention toutes les questions ont été approfondies. Ce n'est pas que cette œuvre ne soit déparée par quelques taches, et qu'on n'ait à regretter de voir des hommes aussi éclairés, aussi justement considérés, payer quelquefois tribut aux préjugés de l'époque; mais on reste convaincu, en la lisant, que lorsqu'il leur est arrivé de se tromper, et cela n'est pas arrivé souvent, ils n'en étaient pas moins toujours de bonne foi.

La commission, ainsi qu'on l'a pu voir au commencement de ce mémoire par la citation que nous avons faite d'un passage de son rapport, concluait à ce que l'Etat indemnisât les colons de tout le dommage direct et appréciable qu'ils auraient éprouvé; mais elle refusait d'étendre cette obligation au dommage indirect, qu'elle considérait comme *éventuel*, *conjectural*, et devant retomber en tout ou partie sur tout le monde.

   « Quant à la question de savoir si les cultures, après
» l'émancipation, seront continuées régulièrement, ou
» si elles seront plus ou moins interrompues, si les noirs
» travailleront bien ou mal, si le travail libre sera moins
» productif que le travail servile, c'est une question ,
» disait-elle, toute d'éventualité, de probabilité, de
» conjecture ; les colons n'ont aucun droit d'imposer sur
» ce point leurs pronostics au gouvernement, à titre de
» vérités absolues. Les conséquences qu'entraînera,
» d'ailleurs, la perturbation plus ou moins grande, plus
» ou moins durable, portée dans le travail colonial par
» l'émancipation, ne s'arrêtera pas aux colons ni aux
» colonies; la métropole en ressentira le contre-coup ;
» elle s'étendra de proche en proche à la société tout
» entière. Que les colons demandent à l'Etat *d'égaliser*
» *autant que possible le dommage indirect, de répartir*
» *autant que possible la perte entre les producteurs et les*
» *consommateurs*, rien de mieux. Jusque-là ils sont dans
» le vrai, nous avons été nous-mêmes au devant de
» cette idée ; mais s'ils vont plus loin, ils dépassent le
» but. »

Ainsi la commission, après avoir accordé aux colons la réparation de la totalité du dommage direct par eux éprouvé, reconnaissait, toutefois, quant au dommage indirect, qu'il était équitable que l'Etat, par un ensemble de mesures, s'efforçât d'en alléger le poids aux colons, en le faisant supporter par portions égales aux consommateurs et aux producteurs des denrées coloniales.

Quant aux pronostics des colons, l'événement n'a que trop montré combien ils étaient fondés ; et l'on s'étonne que la commission, qui, un peu plus tard, a pris soin de le constater, puisse présenter comme conjecturales leurs assertions à cet égard (1). Ce qui est arrivé dans

(1) S'il faut en croire un recueil périodique très accrédité, et dont la rédaction, dans les matières de finance et d'économie politique, est confiée, dit-on, à un des maîtres de la science, l'accroissement de dépense que la réduction dans la quotité des produits coloniaux aurait fait peser sur les consommateurs anglais se serait élevée :

En 1838, à	2,743,048 liv. st.	
En 1839, à	3,471,151	
En 1840, à	5,192,161	

En tout 11,406,360 liv. sterl., soit environ 285 millions de francs.

En même temps, et malgré ce nouveau sacrifice fait par la métropole, la position des colons anglais est devenue très pénible et très critique. Leur revenu brut n'a pas diminué, l'élévation des prix a compensé pour eux la réduction des produits ; mais leur revenu net a diminué rapidement, en raison de l'accroissement des frais de production, et le montant de l'indemnité n'a point suffi, à beaucoup près, pour faire face au renchérissement de la main-d'œuvre. (Rapport de la commission, p. 291.)

Le comité de la chambre des communes n'a pas hésité a reconnaître, à déclarer :

les colonies anglaises menace bien davantage encore les colonies françaises , parce que l'émancipation y a été opérée sans prévoyance, sans mesure , et dans un tout autre esprit (1).

Relativement à la considération que la société tout

« Qu'en même temps qu'il s'est opéré un si heureux changement
» dans la condition des noirs, les produits de la grande culture ont
» diminué à tel point, que les propriétaires des habitations en ont
» considérablement souffert, et que même plusieurs d'entre eux
» sont aujourd'hui complétement ruinés ;
» Que ce mal a été moins sensible dans les petites îles, où la
» population est plus serrée ; mais qu'il a été si grand dans les
» vastes colonies de la Jamaïque, de la Guyane anglaise et de la
» Trinidad, que depuis deux ou trois ans beaucoup d'habitations,
» qui jusque là avaient été prospères et productives , n'ont pu con-
» tinuer leur culture sans des pertes considérables, et que d'autres
» ont été complétement abandonnées. »

On doit donc tenir pour avérées :

1° La diminution progressive des anciennes cultures dans les îles anglaises, et, par suite, celle des produits tropicaux ;

2° La détresse croissante des colons, malgré l'élévation du prix de la denrée sur le marché métropolitain.

(1) Voici ce qu'on lit dans l'exposé des motifs du projet de décret sur les primes pour la pêche de la morue, présenté à l'Assemblée nationale dans la séance du 14 août dernier, et ce qui prouve que le gouvernement a la conscience de la ruine qui menace les colonies :

« Mais un fait nouveau s'est produit ; il doit avoir une influence
» considérable sur la consommation de la morue dans nos colo-
» nies : je veux parler de l'émancipation des noirs.

» Les faits qui se sont passés dans les possessions anglaises d'A-
» mérique se reproduiront infailliblement dans les nôtres, *et vrai-*
» *semblablement avec plus d'intensité, par ce motif que chez nous la*

entière devra ressentir le contre-coup de l'émancipation, les colons pourraient répondre qu'il y a entre eux et la métropole cette différence, que la mesure leur a été imposée, tandis que c'est elle qui librement s'y est aventurée. Le sort qu'elle en éprouvera ne saurait donc leur être opposé en compensation de celui qu'ils éprouvent eux-mêmes.

Ce dommage indirect doit donc être tenu pour certain, inévitable; et si, s'écartant des devoirs d'une justice rigoureuse, l'Etat refuse de le comprendre dans le dommage à réparer, faudrait-il, du moins, qu'il rachetât, jusqu'à un certain point, cette iniquité, en se montrant plus large et même généreux dans l'évaluation du dommage direct.

Celui-ci consiste, comme nous l'avons vu, dans la valeur vénale des noirs; et, pour nous servir des termes de la commission de Broglie, « l'*étendue du sacrifice*
» qu'exigera ce remboursement dépendra de la valeur
» moyenne des noirs de tout sexe et de tout âge dont
» se compose la population servile de nos colonies,
» multipliée par le nombre de ces mêmes noirs (1). »

» *système intermédiaire de l'apprentissage n'a pas précédé l'émancipa-*
» *tion, et qu'une indemnité préalable analogue à celle qui, dans les*
» *mêmes circonstances, a été accordée par le parlement anglais, n'est*
» *pas venue en aide aux colons.* »
(1) Rapport de la commission pour l'abolition de l'esclavage, page 276.

Pour constater cette valeur, les prix stipulés pour la transmission des noirs, à certaines époques de leur vie, ont été relevés par ordre du Gouvernement dans les études des notaires et aux greffes des tribunaux des colonies. Ce travail a été divisé en trois périodes de cinq ans chacune : la première de 1825 à 1829 ; la deuxième de 1830 à 1834 ; la troisième de 1835 à 1839 inclusivement.

C'est à l'aide de ces relevés, et de ceux faits dans les documents de toute nature qui sont annuellement envoyés au dépôt des archives de la marine, que la commission est arrivée à établir une moyenne approximative de 1,200 francs ; et, multipliant par ce chiffre celui de 250,000, qui était, à l'époque où elle écrivait, le nombre total des esclaves dans nos quatre colonies, elle en concluait que l'indemnité à payer était de 300 millions. Or, le nombre des esclaves n'étant plus aujourd'hui que de 248,000, d'après l'exposé des motifs du projet de décret, ce chiffre ne serait plus que de 297,600,000 francs. Mais, dira-t-on peut-être, la moyenne adoptée par la commission se reporte à l'année 1842, et depuis lors il est probable que la valeur vénale des esclaves a dû décroître.

Nous répondrons d'abord que, s'il en était ainsi, il serait indigne de la métropole de chercher à en profiter, car la dépréciation n'aurait pu provenir que de la crainte d'une prochaine dépossession par le fait du Gouvernement. Celui-ci se trouverait donc dans la position d'un homme qui, voulant acheter la propriété d'un autre, aurait commencé par inquiéter ce dernier sur sa possession, afin de l'amener à la lui céder à meilleur marché. Si le Gouvernement n'a pas précisément prémédité une pareille manœuvre, en ce sens qu'en menaçant les colons de l'émancipation il ne songeait pas à spéculer sur la dépréciation qu'il causait à leur propriété, il n'en doit pas moins repousser bien loin l'idée de tirer avantage de cette dépréciation, car elle ne serait pas due à une cause naturelle.

Mais il n'est pas vrai, d'ailleurs, que la valeur du noir ait, en dehors de ces considérations, subi une dépréciation depuis 1842. On ne pourrait citer que bien peu d'habitants qui aient vendu à des prix réduits des noirs attachés à la culture. Quelques ventes à des prix semblables ne concerneraient que des esclaves domestiques, provenant de successions, et pour lesquels il ne se présentait pas d'acheteurs parce que l'émancipation était suspendue sur la tête des colons comme l'épée de Damoclès.

On s'explique difficilement comment le projet de décret, après avoir refusé de prendre la valeur vénale des noirs pour base de l'évaluation de l'indemnité, revient à cette base lorsqu'il s'agit de répartir l'indemnité entre les diverses colonies. Les raisons données dans l'exposé des motifs ne sont pas satifaisantes.

Il est vrai que les états officiels établissent qu'à l'île de la Réunion le prix moyen des noirs serait plus élevé qu'aux Antilles et à la Guyane. Mais ce résultat mérite qu'on le discute.

Comment ces prix moyens ont-ils été obtenus ? En divisant par le nombre des noirs vendus pendant un certain laps de temps la somme totale produite par ces ventes, et ce sans distinction ni d'âge ni de sexe.

A la Réunion, tout le monde sait qu'il n'existe qu'un très petit nombre d'enfants dans la population servile, que les femmes y sont aussi infiniment moins nombreuses que les hommes. Dans cette colonie, les habitants n'achetaient généralement que des adultes, parce qu'ils tenaient à obtenir tout de suite la plus grande somme de travail possible, tandis qu'aux Antilles on mettait de l'amour-propre à développer la population, et on achetait volontiers des femmes et des enfants. Aussi les recensements constatent-ils dans ces dernières colonies que les deux sexes se trouvent à peu près balancés, et qu'une nouvelle génération fort considérable s'y développe.

Il devait donc se vendre, année commune, beaucoup plus de femmes et d'enfants aux Antilles et à la Guyane qu'à la Réunion. Or, comme le prix des femmes et des enfants a toujours été inférieur de beaucoup à celui des adultes, il est facile de voir pourquoi la moyenne n'est pas la même à la Réunion que dans les autres colonies.

C'est donc une base erronée, qui conduirait à une répartition injuste, et qu'il faut écarter. La Réunion, qui ne comptait que 60,000 esclaves, ne peut pas recevoir 31 millions, lorsque la Guadeloupe, qui en recensait 87 mille, ne recevrait que 29 millions, et la Martinique 22 millions pour 74 mille esclaves.

Qu'on se le persuade bien, il n'existe aucune raison pour que le noir, en moyenne, valût plus dans une colonie que dans l'autre. A la Réunion, au contraire, la proximité de Madagascar devait permettre aux nègriers d'introduire des noirs avec moins de risques et moins de frais, et dès lors ces hommes devaient s'y vendre moins cher.

Le projet de décret exclut de l'indemnité les enfants de cinq ans et au-dessous. Pourquoi cela? Est-ce parce qu'ils n'ont pas atteint l'âge où ils peuvent rendre des services? Mais ce serait une raison de plus de les comprendre dans l'indemnité, car ils ont coûté déjà beaucoup d'argent. Depuis le commencement de sa grossesse la mère n'a presque rien fait, et il fallait toujours la nourrir et la soigner; elle n'a fait absolument rien durant six semaines après l'accouchement; tout le temps qu'a duré l'allaitement on n'a exigé d'elle qu'un travail léger; et, dès le jour de sa naissance, l'enfant a procuré à sa mère une demi-ration d'aliments, sans compter les gratifications en argent que donnaient la plupart des maîtres pour encourager la population. Il était généralement reconnu qu'un noir né et élévé sūr l'habitation avait plus coûté pécuniairemement que le prix auquel il aurait pu se vendre. Mais il avait une valeur morale plus grande que celui qu'on achetait adulte.

Un enfant de cinq ans représentait donc un capital par les dépenses ou non-valeurs accumulées depuis le commencement de la gestation de sa mère jusqu'au jour où il aurait été en état de rendre des services. Ce sont des avances que le colon espérait retrouver plus tard, et on l'en dépouillerait!

Autre considération : le propriétaire qui aurait fait le plus de sacrifices pour accroître le bien-être de ses esclaves, et qui, par là, serait parvenu à obtenir un grand nombre d'enfants, serait moins favorablement traité que ceux qui auraient tenu une conduite contraire. Cela se‑rait-il juste?

Nous voyons que dans un des projets présentés par la commission de Broglie les enfants de sept ans étaient estimés 500 francs (1).

Il faut donc s'en tenir aux bases proposées par cette

(1) Rapport de la commission, page 340.

commission ; ce sont les seules rationelles, les seules équitables, savoir : multiplier le nombre des noirs, sans distinction de sexe ni d'âge, par 1,200 francs, prix moyen des noirs ; puis répartir la somme totale entre les diverses colonies, au prorata seulement du nombre de noirs esclaves que recensait chacune d'elles. Nous obtiendrons ainsi une somme de 297,600,000 francs.

Mais le projet de décret imposerait aux indemnitaires l'obligation de faire emploi des deux tiers de leur indemnité en salaires et en améliorations agricoles.

Une pareille disposition serait exorbitante et contraire à tous les principes. Le débiteur qui se libère n'a aucunement le droit de prescrire à son créancier l'usage qu'il aura à faire de l'argent qui lui est payé ; et nous ne devons pas oublier que, quoi que on dise, c'est une véritable dette que l'Etat acquitte, et non une subvention qu'il accorde.

Ne se souvient on plus de la clameur universelle qui accueillit, il y a quelque temps, une pareille prétention, manifestée à la tribune de l'Assemblée nationale par le maire de Paris, au sujet de sommes dues par la ville à ses propriétaires expropriés pour cause d'utilité publique. Ces sommes, bien qu'exigibles, avaient été retenues au trésor, parce que, disait cet administrateur, on avait craint que les ayant-droit n'enfouissent cet argent ou l'emportassent à l'étranger. Eh bien ! les colons sont à l'égard de la métropole précisément dans la situation où étaient ces propriétaires à l'égard de la ville de Paris : il n'est pas plus permis d'imposer aux uns qu'aux autres un emploi quelconque de leur argent.

Je conçois qu'on doive désirer que les colons consacrent leur indemnité à maintenir leurs cultures, afin que la population affranchie puisse vivre de son travail, que la production continue dans les colonies, et que le commerce de la France ne cesse pas d'y entretenir des relations fructueuses ; mais c'est par la persuasion et par l'intérêt, et non par la contrainte, qu'il faut chercher à y parvenir ; imposer une pareille condition serait un abus de pouvoir révoltant. D'ailleurs, si par le choix de vos fonctionnaires et l'esprit de votre administration, vous privez le colon de toute sécurité dans son pays, si vous l'y laissez expulser de toutes les fonctions publiques, ne serait-il pas odieux que vous le missiez dans la nécessité d'opter entre son indemnité et le repos de son existence ? Il y a plus : si le noir ne consentait à travailler qu'à des conditions ruineuses pour le propriétaire ; si, en versant sur le sol l'argent qui lui aurait été remboursé, celui-ci ne semait qu'avec la certitude de perdre et ses peines et son argent ; ou si, après avoir récolté, ses produits, forcés de se diriger sur le marché français exclusivement, y rencontraient un produit similaire tellement abondant qu'aucune chance de s'y placer, même au prix de revient, ne leur fût laissée, auriez-vous atteint votre but? Cela pourrait-il continuer? et l'abus de pouvoir que vous auriez commis n'aurait-il pas, sans avantage pour personne, ruiné entièrement les colons ?

Il est un meilleur moyen d'amener ces derniers à ne pas déserter leur sol natal. Faites par l'ensemble de vos mesures qu'ils puissent y vivre paisibles et respectés, et fiez-vous-en après à cet attrait naturel qu'ont pour l'homme en général, et pour le créole en particulier, les lieux où il a reçu le jour, où il a grandi, les lieux que dans le cours de sa vie son industrie s'est complue à embellir et à féconder. Assurez-lui un prix suffisant et rémunérateur pour ses produits, et vous n'aurez pas besoin alors de recourir à une contrainte que rien ne saurait justifier.

Nous croyons avoir démontré qu'une indemnité est due aux colons, que le décret du 27 avril dernier a dépossédés de la propriété de leurs esclaves, ou du droit au travail de leurs esclaves; ce droit, quelque répugnance qu'il nous inspire aujourd'hui, ayant été garanti de la manière la plus formelle par une législation de deux siècles.

Nous croyons avoir aussi démontré que, puisque c'est une dette que la France acquitte envers ses colons, elle ne saurait avoir le droit de prescrire à ceux-ci l'usage qu'ils auront à faire de l'indemnité qu'elle leur alloue ; qu'ils doivent être parfaitement libres d'en disposer comme bon leur semble.

Nous avons indiqué, comme seule base équitable et rationnelle pour l'évaluation de cette indemnité, la valeur vénale moyenne des noirs multipliée par le nombre de noirs de tout âge et de tout sexe composant au jour de l'émancipation la population servile des colonies. Ce calcul nous a donné pour le total de l'indemnité la somme de **297** millions 600,000 fr. Nous avons aussi signalé l'erreur que le projet de décret a commise en établissant des valeurs vénales moyennes différentes dans chacune de ces colonies, et nous avons fait voir qu'une règle uniforme doit être adoptée pour toutes ; que la part proportionnelle de chacune ne peut être déterminée que par le nombre de ses esclaves.

Il nous reste à rechercher comment l'Etat pourra se libérer envers les colons et à dire quels sont les moyens à lui offrir pour concilier ses obligations, ses devoirs, avec les embarras de sa situation actuelle. C'est ce que nous allons essayer de faire dans le chapitre suivant.

Comment l'Etat se libérera-t-il envers les colons.

Dans le système adopté par la commission de 1842, dans celui, du moins, proposé par la majorité de cette commission (1), l'émancipation générale ne devait avoir lieu qu'au 1er janvier 1853, après une période préparatoire de dix années. L'indemnité était portée à 300 millions de francs pour 250,000 esclaves. A dater du jour de la promulgation de la loi, une rente de 6 millions, au capital de 150 millions, devait être inscrite au nom de la caisse des dépôts et consignations, laquelle demeurait chargée d'en percevoir les intérêts et de les convertir en rentes au même titre, au profit des colons, pour le tout être remis à ceux-ci au 1er janvier 1853.

150 millions, avec les intérêts composés, auraient produit en dix ans une somme égale au total de l'indemnité fixée (2).

Comme on le voit, le projet était simple et loyal : le jour de l'émancipation, les colons, en perdant leurs esclaves, recevaient une véritable et juste compensation du dommage direct qu'on leur causait ; et quant au

---

(1) Deux projets furent présentés par la commission : celui de la majorité et celui de la minorité. Celui de la majorité consistait dans une émancipation générale et simultanée, après une période préparatoire de dix ans ; celui de la minorité proposait une émancipation partielle et progressive, ajournant à vingt ans l'émancipation générale.

(2) On supposait que l'exercice, pendant ces dix années, du droit de rachat accordé aux esclaves, aurait, à l'expiration du terme fixé, réduit assez la population servile pour que les intérêts de 150 millions capitalisés à chaque semestre élevassent ce versement à un chiffre suffisant.

dommage indirect, quant à la dépréciation du sol laissé aux colons, la commission cherchait, par des mesures économiques, par des modifications de tarifs, à assurer à la production coloniale, sur les marchés de la métropole, des prix suffisants pour compenser la plus-value de la main-d'œuvre qu'elle pressentait devoir être (1) infailliblement la conséquence de l'émancipation. Elle avait pourvu à tout, autant qu'il est donné à la prévoyance humaine de le faire. L'Etat avait rendu son sacrifice moins lourd en le répartissant à l'avance sur plusieurs années, et évité par là une trop grande perturbation dans son budget.

Aujourd'hui il ne peut plus être question de période préparatoire, nous sommes devancés par l'événement, l'émancipation est accomplie ; déjà même c'est une agravation au mal éprouvé par les colons que cette incertitude où on les a laissés depuis plusieurs mois ; c'est une première violation à leur égard du grand principe que la dépossession doit précéder, et non suivre l'indemnité ; que l'indemnité, en un mot, doit être préalable. Il faut donc se hâter, car chaque jour de retard accroit le mal

---

(1) Introduire l'émancipation sans être en mesure de dominer, jusqu'à un certain point, le marché national, et de faire supporter aux consommateurs une certaine part des difficultés momentanées que l'émancipation fera naître, ce serait envers les colons une extrême injustice. (Rapport de la commission, p. 258.)

et compromet l'avenir même de la société coloniale.

On ne peut, cela est évident, demander en ce moment à la France de payer ce capital de **297** millions. Elle a trop de peine à suffire à ses dépenses ordinaires pour qu'elle ne fût pas fondée à opposer à une pareille demande la fin de non-recevoir tirée de ses embarras actuels.

Mais la France n'est pas ruinée, elle n'est que momentanément gênée ; ses immenses ressources ne sont pas évanouies ; et, dès que la confiance aura reparu, il est incontestable que les recettes du trésor reparaîtront aussi comme par enchantement, que l'État retrouvera les moyens nécessaires pour faire honneur à tous ses engagements.

Ce qu'il lui faut donc, ce qu'il est en droit de s'accorder, c'est un délai pour s'acquitter. Autant il serait déloyal d'arguer de sa gêne actuelle pour renier ou pour réduire sa dette, autant il est juste et convenable qu'il prenne en considération cette situation lorsqu'il s'agit de régler l'époque et le mode de sa libération. Plus il se montrera rigide envers lui-même dans ce règlement, plus il consolidera son crédit, et plus tôt il rentrera en possession des avantages que le crédit procure : car le crédit, c'est la confiance, et la confiance ne s'acquiert que par une invariable loyauté. Voyez cette Angleterre, traînant comme un boulet son effrayante dette, qui s'accroît sans cesse : son crédit en souffre-t-il ? Pas le moins du monde. Au premier appel, les capitalistes accourent, et l'argent dont elle a besoin lui est porté avec empressement. D'où vient cela, si ce n'est de la ferme conviction généralement répandue que tant qu'il restera au peuple anglais la plus petite ressource, le gouvernement de ce pays considerera comme son premier devoir de l'appliquer au paiement de ses dettes, et de ne jamais violer aucun engagement.

Nous avons établi que celle de la France envers ses colons est de 297,600,000 francs. Or, l'impossibilité de payer actuellement ce capital étant reconnue, il n'y a qu'un seul parti à prendre, celui d'en constituer la rente jusqu'au jour où, la situation s'étant améliorée, l'Etat aura recouvré les moyens de s'affranchir de cette rente, en versant le capital.

La rente de 297,600,000 fr. à 5 pour 0|0 serait de 14,880,000 fr.

Eh bien, j'en appelle à tout homme de bonne foi, quatorze millions de rente ajoutés aux dépenses du budget sont-ils au dessus de ses ressources et en bouleverseront-ils l'économie? Est-ce là un sacrifice que l'on puisse mettre en balance avec l'honneur de la France ? La France se ferait-elle de son honneur une idée moindre qu'un barbare, aujourd'hui son prisonnier, ne se faisait du sien, lorsqu'il répondait naguère aux offres brillantes qu'un de nos officiers avait été chargé de lui porter pour le décider à demander lui-même à résider en France : « La France n'est pas assez riche pour déshonorer Abd-el-Kader. »

La France consentirait-elle à se déshonorer elle-même au prix de quelques millions?

Non, elle ne le voudra pas, elle ne peut pas le vouloir; elle ne donnera pas un démenti au mot célèbre de son grand orateur (1), elle sera juste et loyale avec ses colons.

Mais, dira peut-être M. le ministre des finances, cette nouvelle émission de rentes sur la place va ajouter aux difficultés que nous rencontrons à contracter les emprunts auxquels, il y a lieu de le craindre, nous aurons longtemps encore besoin de recourir.

On obvierait à cette difficulté en répartissant sur trois années, par exemple, l'émission des titres de ces rentes, de manière à ce qu'un tiers seulement pût être négocié chaque année. La rente serait toujours servie par le trésor, mais les titres ne pourraient être négociés qu'en trois ans. Il nous semble qu'aucune objection sérieuse ne saurait être opposée à ce moyen de tourner la difficulté.

(1) Parlez d'honneur et de patrie en France, disait le général Foy, et vous trouverez toujours de l'écho.

Ainsi, la créance des colons fixée à 297,600,000 fr. et inscrite au grand-livre de la dette publique pour une rente de 14,880,000, il serait déclaré qu'on ne délivrerait de titres négociables que

pour 4,960,000 en 1848
4,960,000 en 1849
4,960,000 en 1850
____
Total. . 14,880,000

L'indemnité dans ses rapports avec les droits respectifs des colons débiteurs et de leurs créanciers.

Il n'est malheureusement que trop vrai que la propriété foncière dans les colonies est grevée de dettes considérables. Ces dettes proviennent, ou d'avances faites par les négociants des ports de France pour la mise en valeur et l'exploitation de ces propriétés, ou de l'acquisition par un seul des enfants, à la mort du père de famille, des sucreries dépendantes de la succession, par suite de l'impossibilité du partage en nature, que la législation des colonies défendait d'ailleurs.

Il semble tout naturel, au premier abord, que l'on accorde au créancier le droit de saisir, comme partie de son gage, la somme que l'Etat aura à payer à titre d'indemnité à son débiteur. Cela semblerait d'autant plus juste que jusqu'au décret du 27 août dernier, qui les a fait rentrer dans le droit commun , la prolongation démesurée dans plusieurs de nos colonies de la suspension du titre XIX du Code civil, relatif à l'expropriation forcée, avait placé les créanciers dans une position désavantageuse et pénible, en les privant du droit et des moyens de se faire payer de ce qui leur était dû.

Ce droit de main-mise sur l'indemnité n'a point été contesté aux créanciers et colons anglais lorsque ceux-ci reçurent le prix de leurs esclaves émancipés.

Toutefois, si l'on considère que l'indemnité n'est autre chose , en réalité, que la représentation de la valeur des esclaves ; que le créancier ne pouvait distraire les esclaves du sol pour les faire vendre séparément , puisque la loi les réputait immeubles par destination ; que, dans un intérêt public, la saisie réelle, là où elle était permise, devait embrasser l'ensemble de la propriété, composée des esclaves, du sol et des bâtiments, ensemble qui, pour le créancier était indivisible, on trouvera rationnelle la proposition que nous faisons de rattacher, par une fiction de la loi, l'indemnité au sol des habitations grevées d'hypothèques, de la déclarer immobilisée. Pour s'en emparer, le créancier serait obligé de recourir à l'expropriation du tout ; et, en même temps, par dérogation au droit qu'avait le débiteur de détacher les esclaves du sol en changeant leur destination, il lui serait interdit de disposer de son indemnité

tant qu'il n'aurait pas obtenu mainlevée de son créancier.

Le moyen proposé satisfait tous les intérêts ; il satisfait l'intérêt du créancier, en lui conservant la portion de
son gage qui, par suite de l'abolition de l'esclavage, est
devenue une somme d'argent, et en lui laissant le plein
exercice des droits que lui a rendus le décret du 27 avril,
relatif à l'expropriation forcée. Il lui sera toujours facultatif de s'emparer de l'indemnité en introduisant une
demande en expropriation de la totalité des biens de
son débiteur.

Ce moyen satisfait aussi l'intérêt raisonnable du débiteur, en lui conservant, pour faire valoir son sol et
son usine, la jouissance de la portion de sa propriété
qui a été convertie en argent, jusqu'à ce que le créancier, usant de son droit, l'ait exproprié de la totalité.

Ce moyen satisfait, enfin, l'intérêt public, qui demande que le sol, soit qu'il demeure entre les mains
du débiteur, soit qu'il passe à celles du créancier, ait
toujours, à défaut des travailleurs qui y étaient jadis
attachés, un capital assuré pour le faire valoir.

Il s'agirait donc d'immobiliser l'indemnité, en la sou-
mettant à toutes les inscriptions hypothécaires existantes
sur l'immeuble dont dépendaient les esclaves rachetés
par cette indemnité.

Cette immobilisation ne s'étendrait point, cela est évident, à la portion de l'indemnité représentant le prix des esclaves urbains, c'est-à-dire non attachés à la culture, lesquels, déclarés meubles, de tout temps, par la législation coloniale, ont toujours pu être saisis à la requête des créanciers.

Ce que nous proposons a existé pour les majorats constitués en rentes sur l'État, et ne présente, par conséquent, rien que de très praticable ; nous n'y voyons que des avantages, et pas un seul inconvénient.

Il est probable que cette mesure aura pour effet de déterminer de nombreuses transactions entre les créanciers et les débiteurs. Les premiers, pressés de jouir, pour éviter les lenteurs et les frais d'une poursuite en expropriation forcée, consentiront des mainlevées, afin d'obtenir immédiatement, au prix d'un sacrifice, une partie de leur créance, en conservant leurs droits sur l'immeuble hypothéqué. Les débiteurs, de leur côté, s'estimeront heureux, par l'abandon immédiat d'une partie de l'indemnité, d'acquérir la libre disposition du reste.

Tout serait donc sauvegardé par ce moyen, qui est de tous points préférable à ce que propose le projet de décret. L'idée de soustraire aux justes droits des créanciers les deux tiers de l'indemnité, et d'ajourner à trois ans l'exercice de leurs droits sur le tiers restant, ne peut manquer de soulever d'énergiques réclamations dans tous nos ports de mer. Cette idée sera certainement repoussée et par la Commission et par l'Assemblée nationale.

CONCLUSION.

Si le lecteur a suivi avec quelque attention la discussion à laquelle nous venons de nous livrer, il arrivera nécessairement, comme nous, aux conclusions suivantes :

Si l'Etat a eu tort de déclarer aux Français qu'il appelait à défricher et à cultiver les colonies qu'ils pouvaient acheter et posséder les noirs comme une vraie marchandise ; s'il a eu tort de consacrer le droit de propriété sur les noirs, en le réglant et en qualifiant de *meubles* les hommes qui y étaient soumis ; si aujourd'hui, plus éclairé sur les destinées de la nature humaine, il a cru devoir abolir ce droit de propriété de l'homme sur l'homme ou sur le travail de l'homme, pour satisfaire aux exigences de la raison publique, il doit, dans toute la force du terme, une indemnité aux colons qu'il a dépossédés. Car, en effet, l'objet approprié peut varier sans que le droit lui-même cesse d'être inviolable ; et ce droit, qui était inconnu dans l'état sauvage, qui est né avec la société, qui a été constitué par elle et pour elle, qui paraît indispensable à son main-

tien , reçoit toutes les modifications que l'intérêt général bien constaté commande. Qu'il soit , de par la loi ,
étendu à un homme , ou restreint à une chose véritable,
c'est toujours le droit de propriété , le *jus dominii,* dont
un principe de justice éternelle, supérieur à tout, défend
de dépouiller sans indemniser. Qu'on ait eu tort de
créer un pareil droit sur l'homme, c'est une autre
question : c'à été le résultat d'une erreur générale ,
d'une erreur commune ; mais on connaît cet axiome de
droit : *Error communis facit jus,* l'erreur commune
donne naissance au droit.

Une indemnité est donc due aux colons ; et cette indemnité, si on ne veut pas leur tenir compte du dommage indirect que leur causera infailliblement le démem-
brement de leur propriété , doit être du moins de la valeur estimative des esclaves qu'ils possédaient , valeur
que les recherches consciencieuses d'une commission
composée d'hommes d'état éminents a portée , en
moyenne et par tête, à 1200 francs ; ce qui élèverait à
297,600,000 francs le chiffre de l'indemnité.

Pour concilier l'obligation de l'État avec les nécessité
de la situation actuelle du trésor, il est convenable de
proposer à l'Assemblée nationale de décréter qu'une
rente de 14 millions 880,000 francs sera inscrite au
grand-livre de la dette publique au profit des anciens
maîtres des noirs émancipés, et au taux de 4 p. 100 ;

que la rente sera servie aux ayant-droit à partir du 22 juin 1848, mais que des titres négociables ne leur seront délivrés qu'à raison de 4,960,000 de rentes pour 1848; 4,960,000 pour 1849; et 4,960,000 pour 1850.

Enfin la portion de l'indemnité afférente à ceux des anciens maîtres dont les esclaves étaient attachés aux travaux agricoles sera déclarée immobilisée et reliée fictivement au sol des habitations grevées d'hypothèques, pour ne pouvoir être saisie par les créanciers qu'en vertu d'un jugement ordonnant l'expropriation des dites habitations, ou mise à la disposition des indemnitaires que du consentement de leurs créanciers ou sur la main-levée des inscriptions prises sur ces immeubles.

———

Ce travail était déjà sous presse lorsque, grâce à la complaisance de M. Roger (du Loiret), président de la commission constituée pour le règlement de l'indemnité, nous avons pu avoir communication du rapport de cette commission. Il nous avait été, jusque-là, impossible de nous procurer un exemplaire de ce rapport dans les bureaux de la direction des colonies, où les colons blancs sont aujourd'hui accueillis avec une malveillance affectée. Nous ne pouvons donc exprimer qu'en quelques lignes notre opinion sur ce rapport.

Nous nous bornerons à faire observer que la commission admet, comme valeur moyenne des noirs, le chiffre de 1,085 fr. 53 c., et que sur cette base elle reconnaît qu'il serait dû aux colons une somme de 269,820,113 fr. 90 c.

Si elle n'alloue que 120,000,000, c'est parce qu'elle trouve plus commode et plus convenable aux intérêts du trésor de dénier à l'indemnité son caractère de dette, pour n'en faire qu'une subvention volontaire, ce qui lui permet dès lors de la fixer arbitrairement à tel chiffre qui lui convient.

L'Assemblée sanctionnera-t-elle cette manière de procéder? Nous sommes convaincu qu'elle ne voudra, à aucun titre, consentir à une spoliation, et qu'elle se montrera digne d'elle-même, digne du noble pays qu'elle représente.

Signalons encore que, pour obtenir une moyenne inférieure à celle de 1,200 francs, il a fallu à la commission étendre ses calculs et ses relevés jusqu'aux derniers jours de l'esclavage, ce qui n'est pas juste : car, depuis cinq ou six ans, la menace de l'émancipation a dû exercer sur le prix des esclaves une influence dont on devait tenir compte.

9 782011 766977